001

002

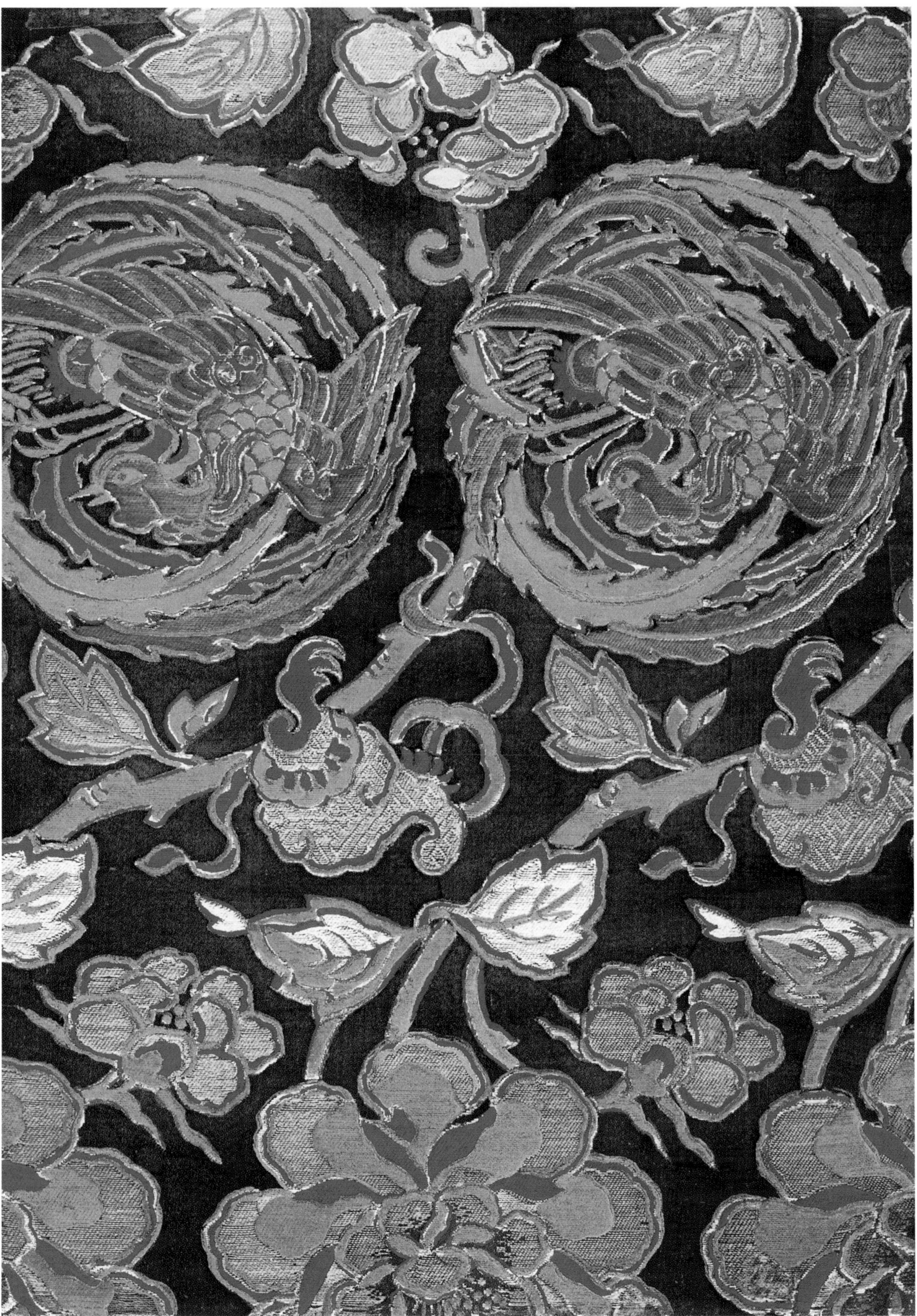

003

004

005

006

007

008

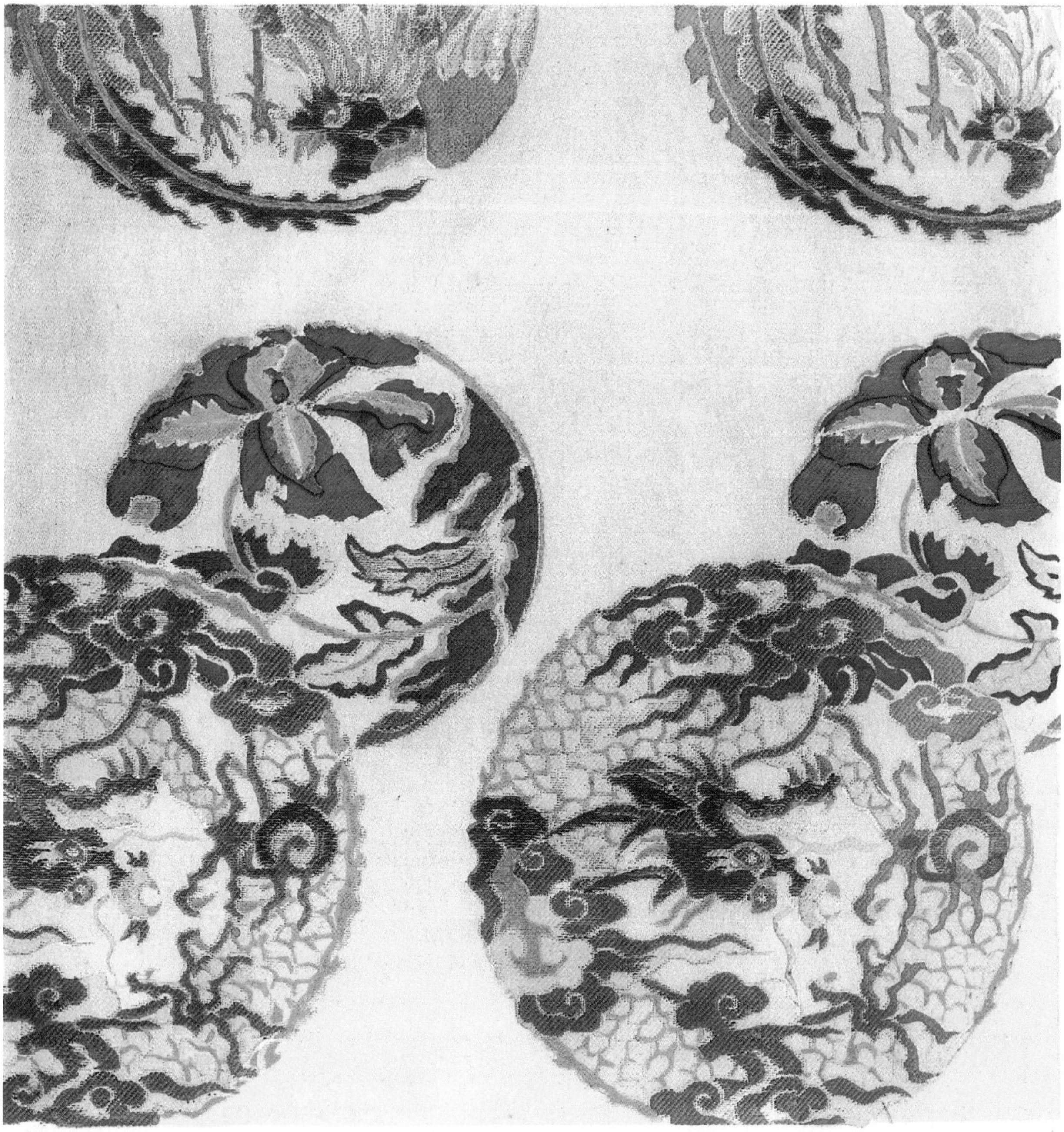

009

010

011 012 013 014 015 016 017 018

019

020

021

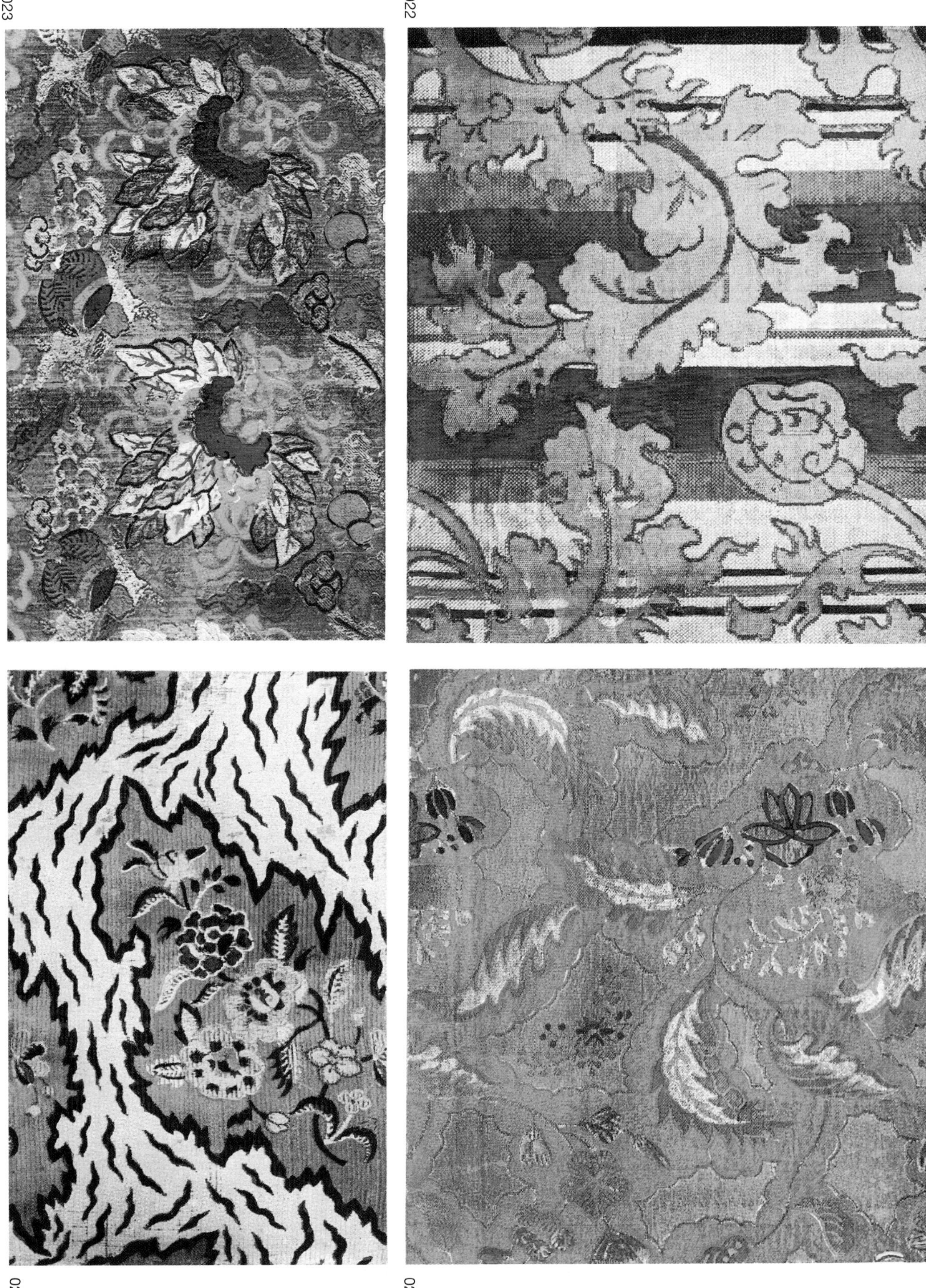

023

022

025

024

029

030

028

026

027

035
036
033
034
031
032

039

038

037

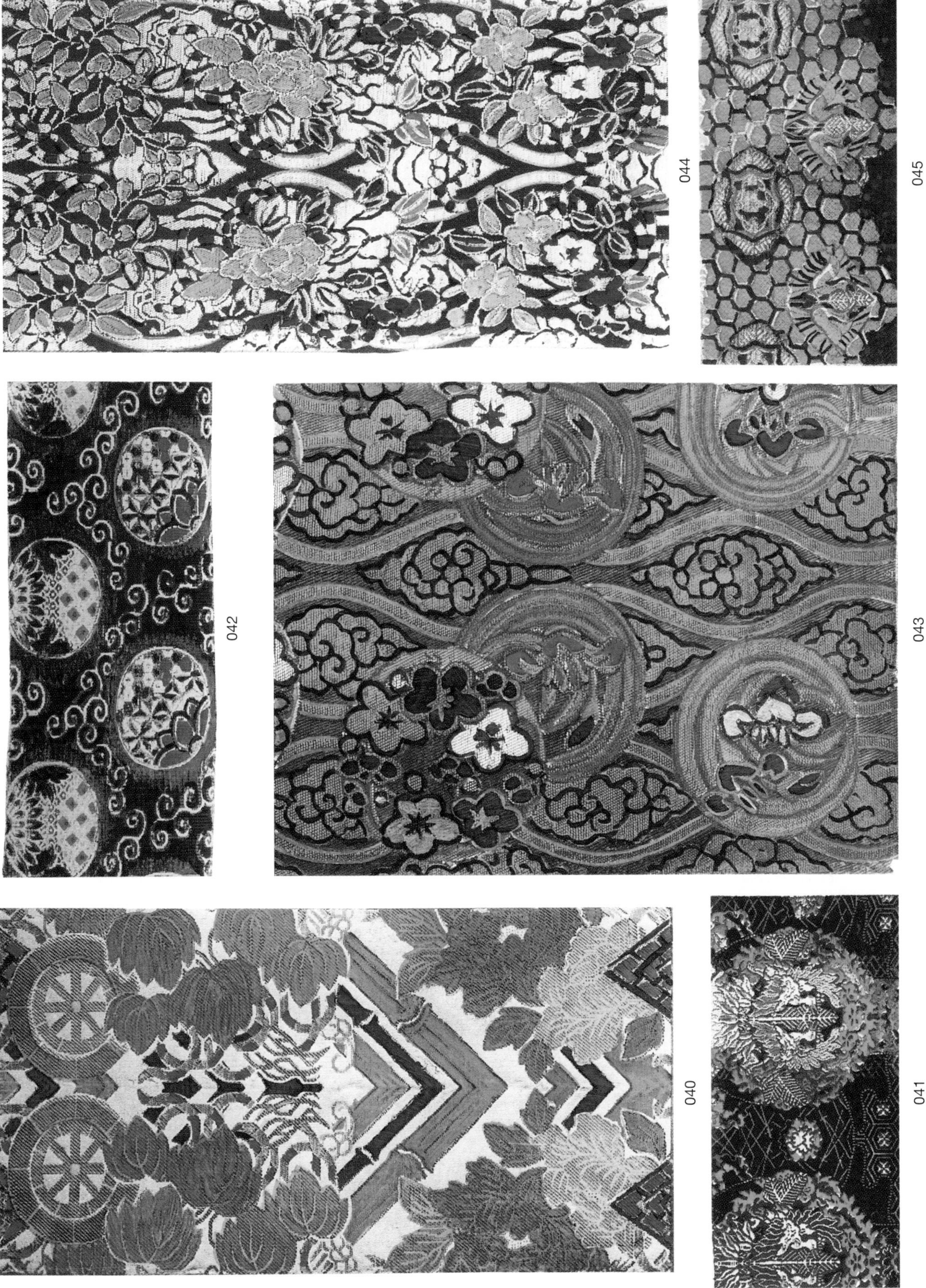

044

045

042

043

040

041

050

051

048

049

046

047

055

056

054

052

053

061
062
063
060
057
058
059

068

069

066

067

064

065

070

071

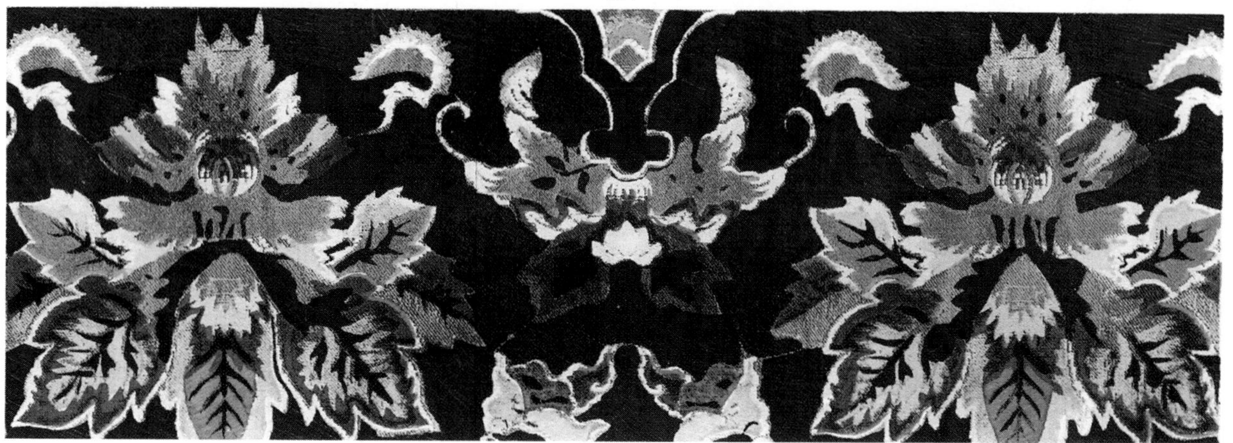

072

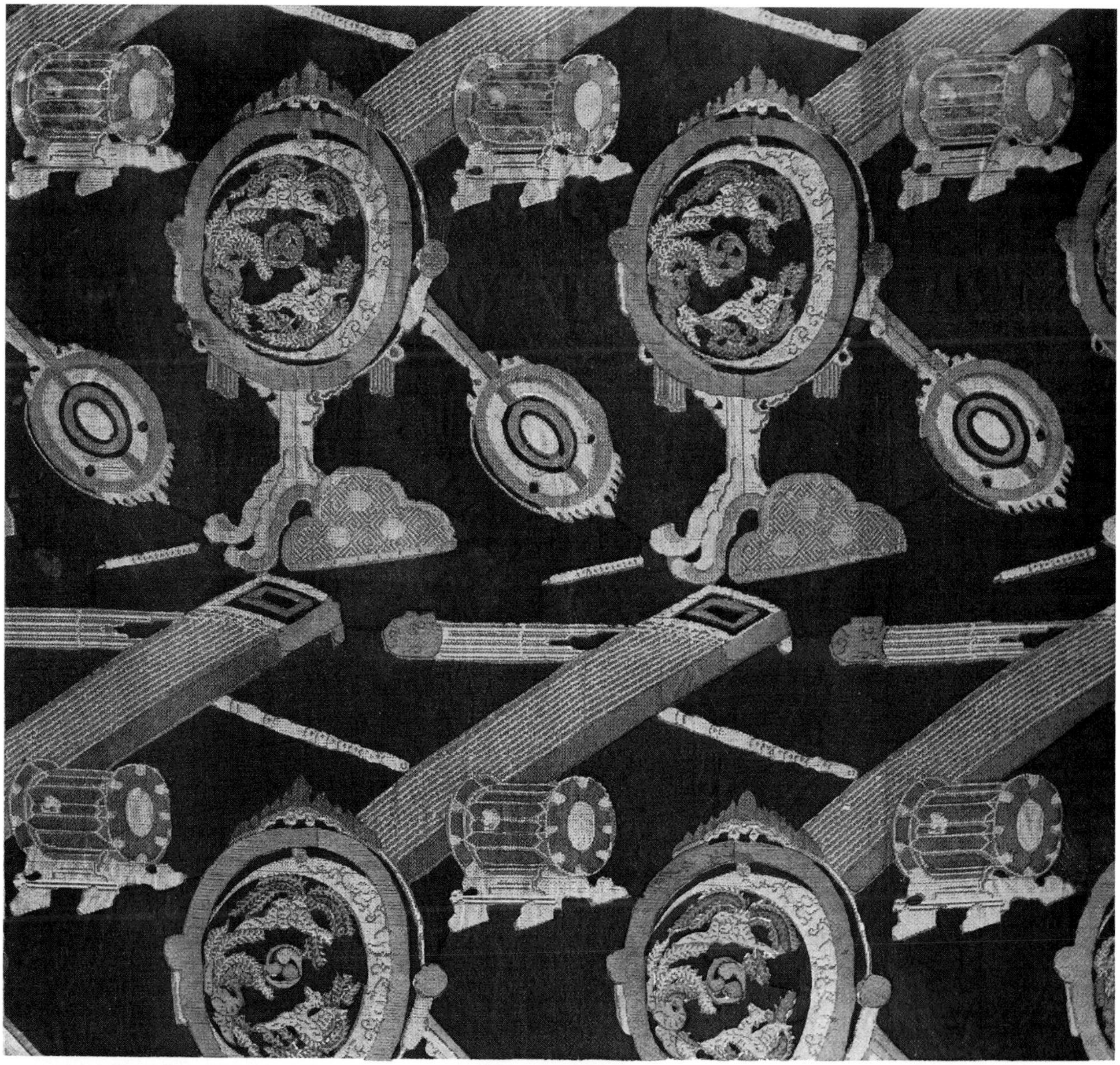

073

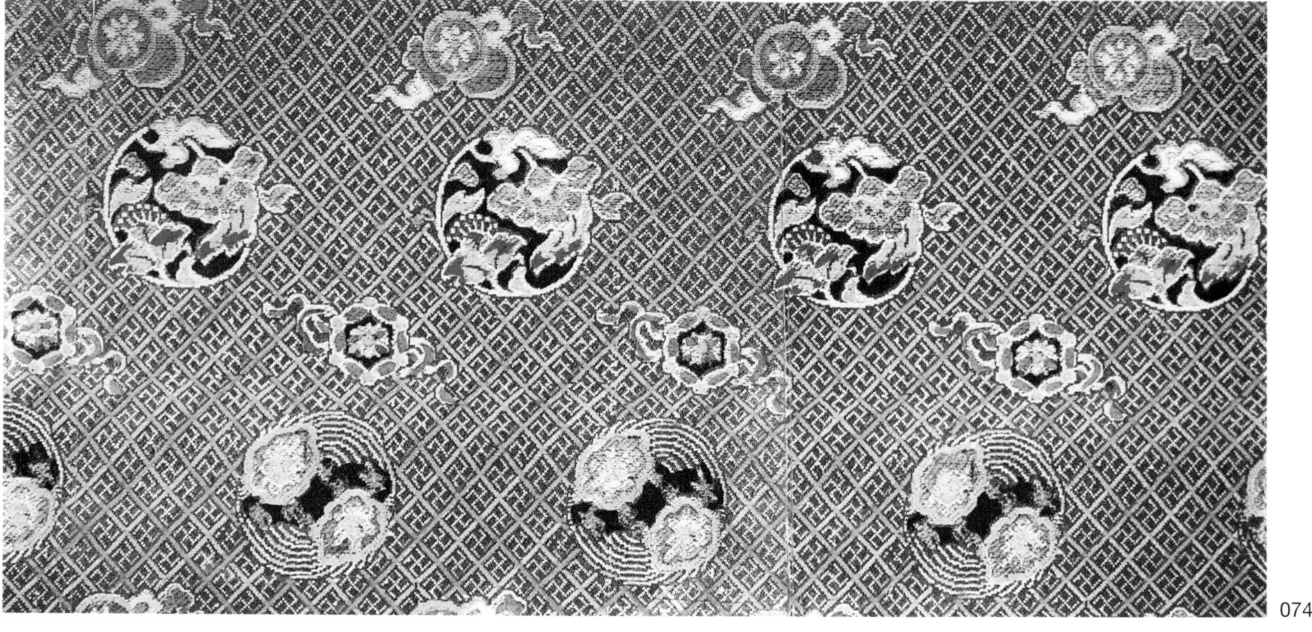

074

075

076 077 078

079 080 081

082

083

084

085

086

087

088

089

090

091

092

093

095

094

096

097

098

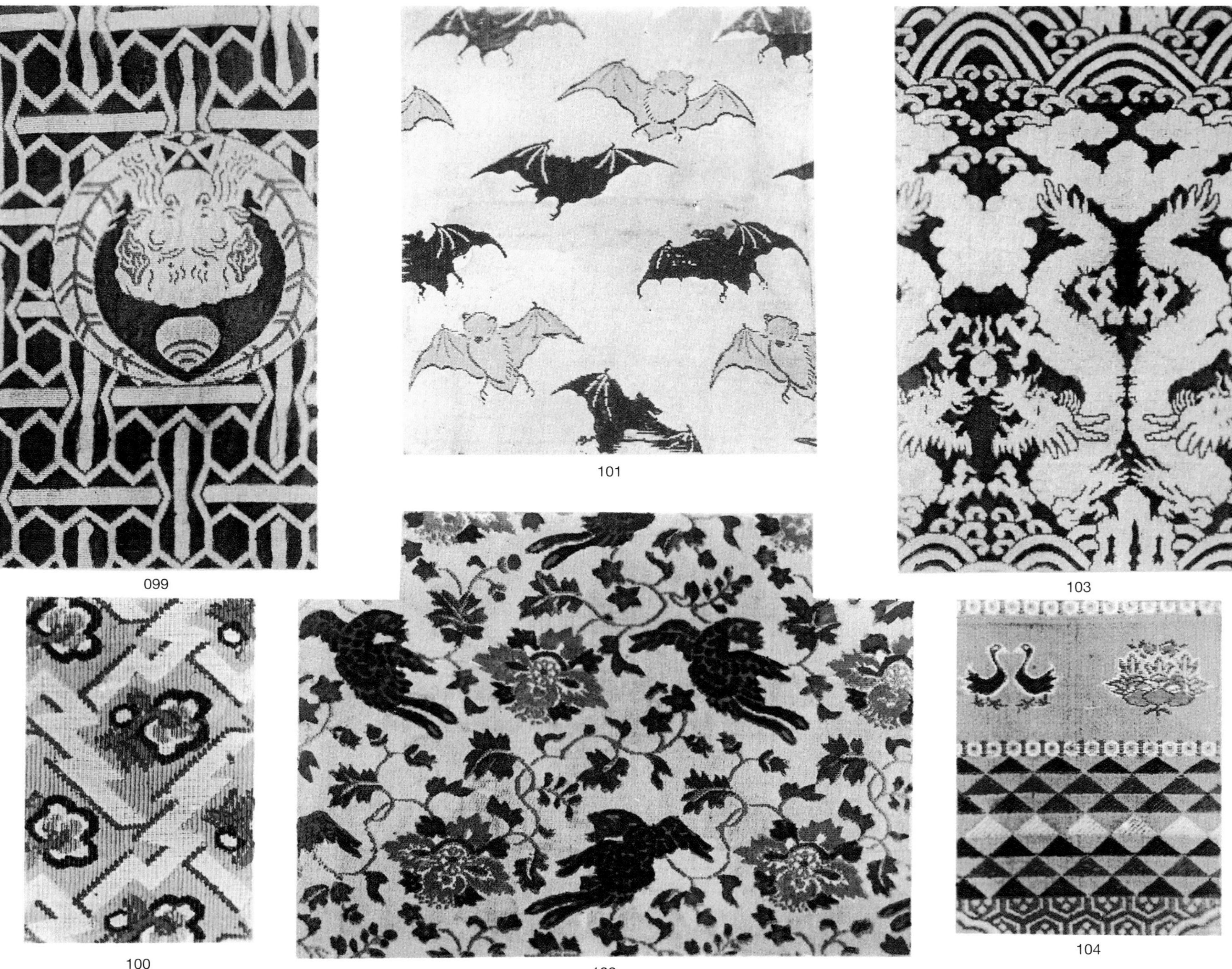

099

101

103

100

102

104

105 106 107 108 109 110

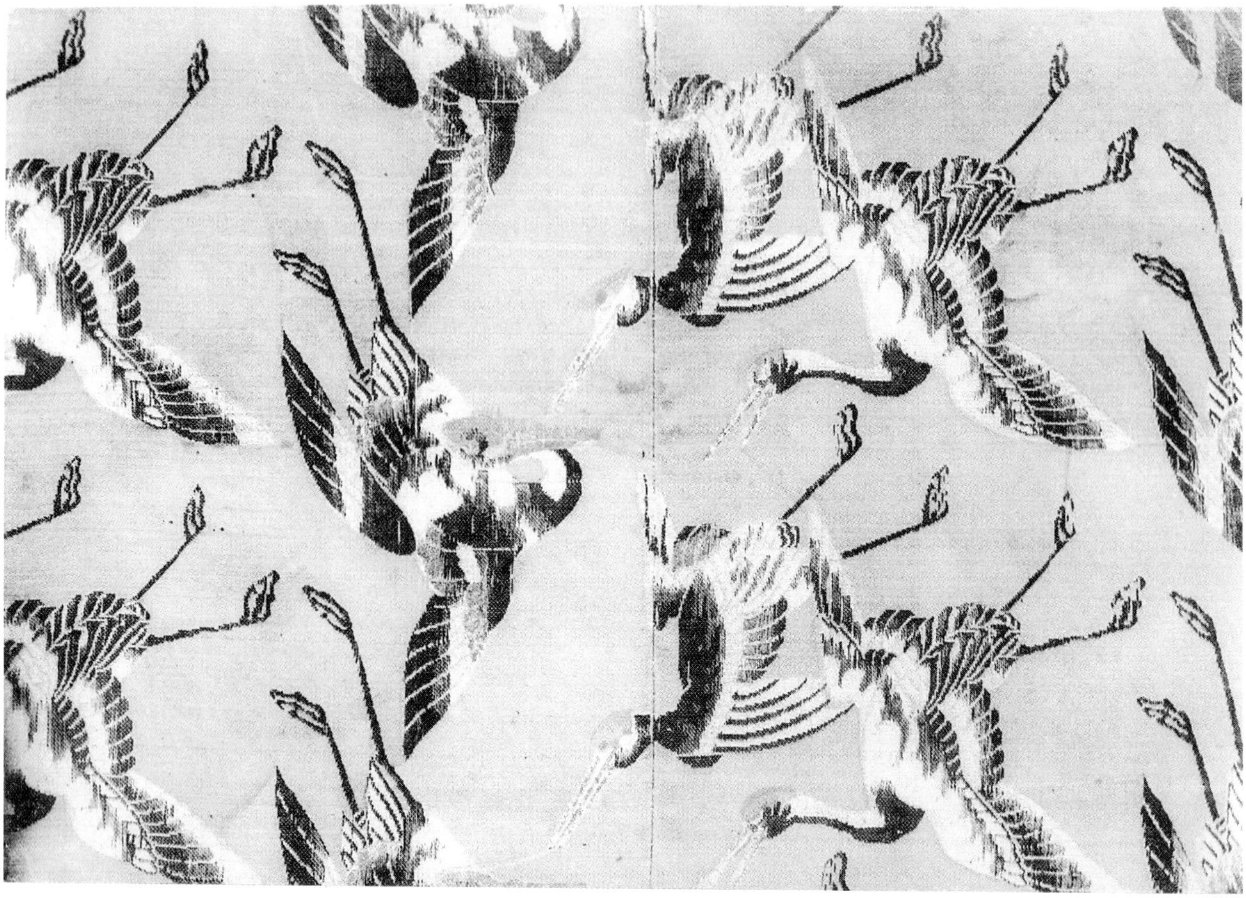

112

111

113

114

115

116

118

119

117

120

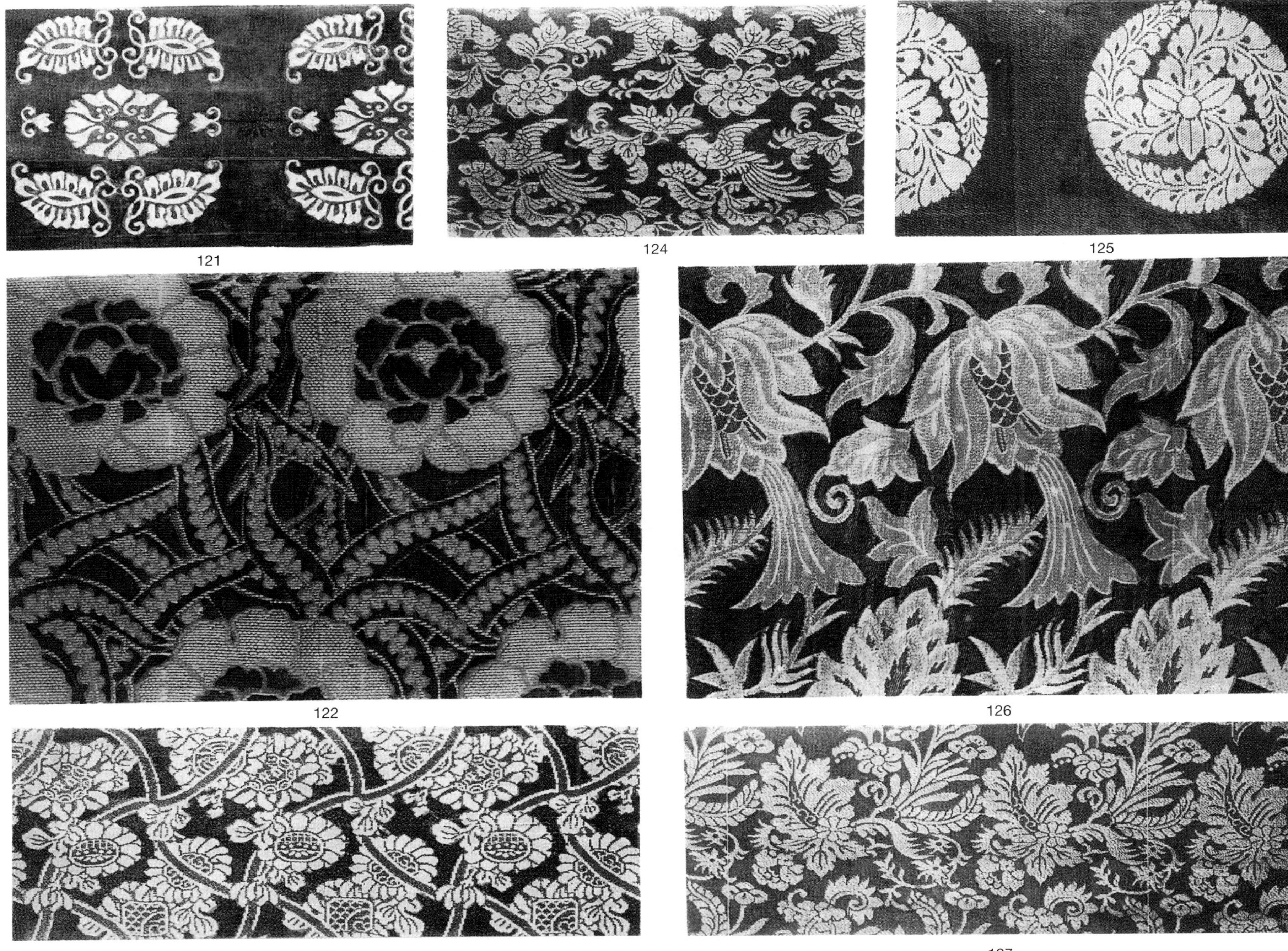

121 124 125

122 126

123 127

129

128

130

131

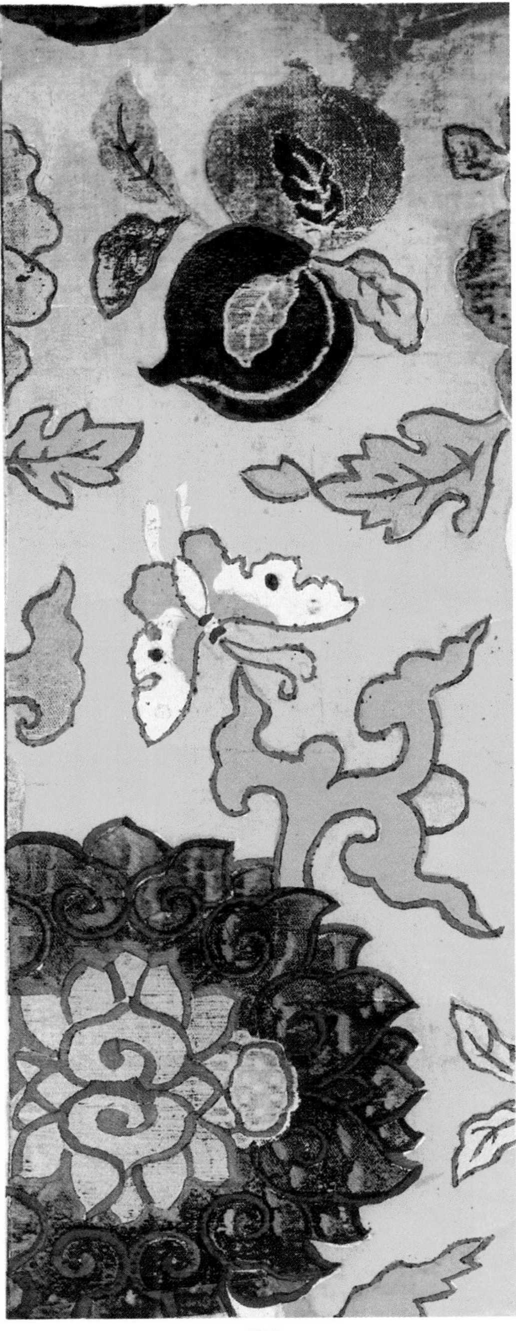
132

133

134

135

136

137

138

139

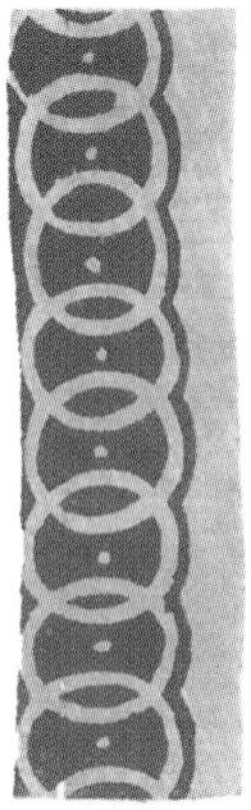

140

141

142

143

144

145

146

147

148

149

150

151

152

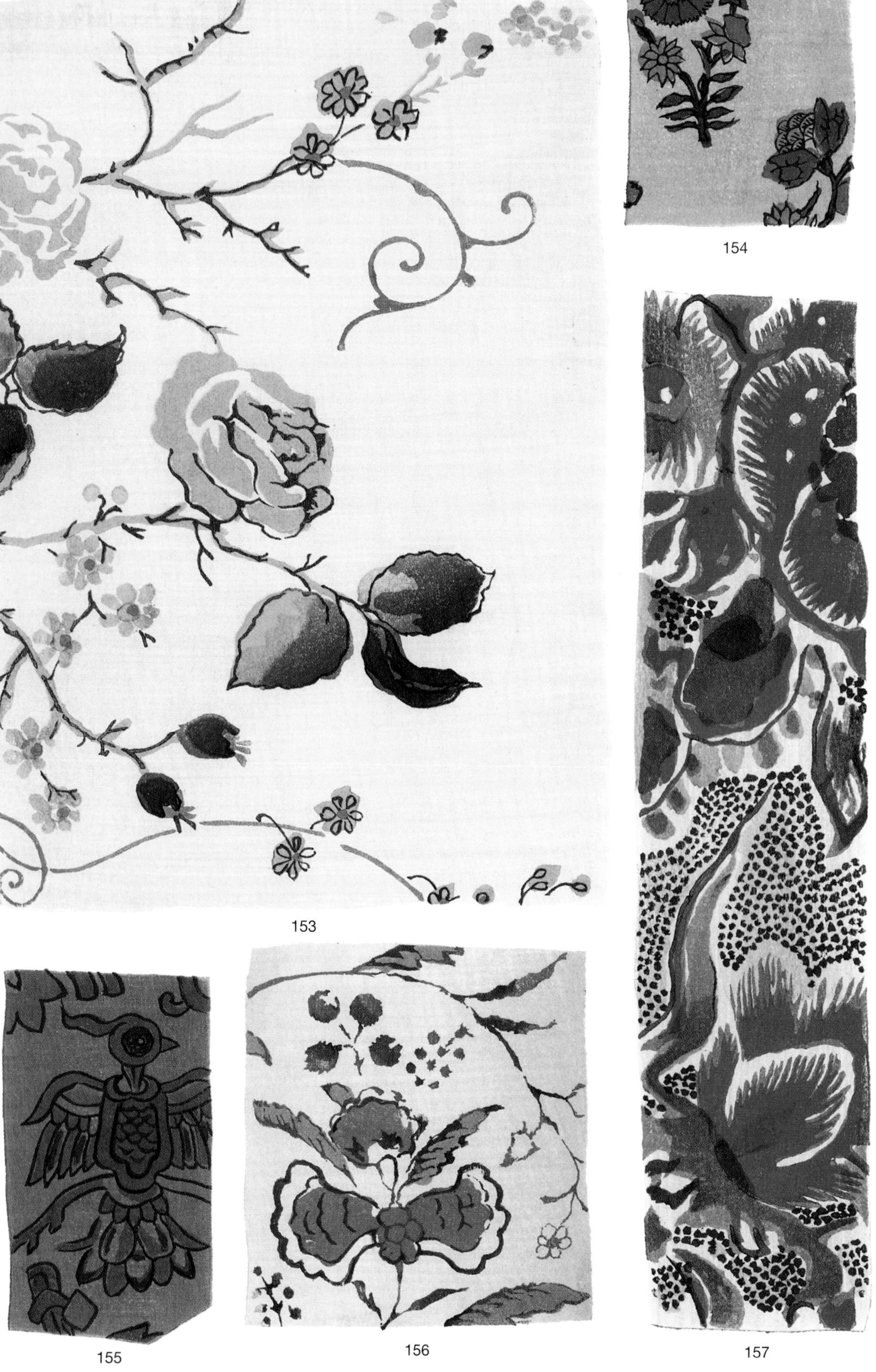

153

154

155

156

157

158

159

160

161

162

163

164

165

166

167

168

169

170

171

172

173

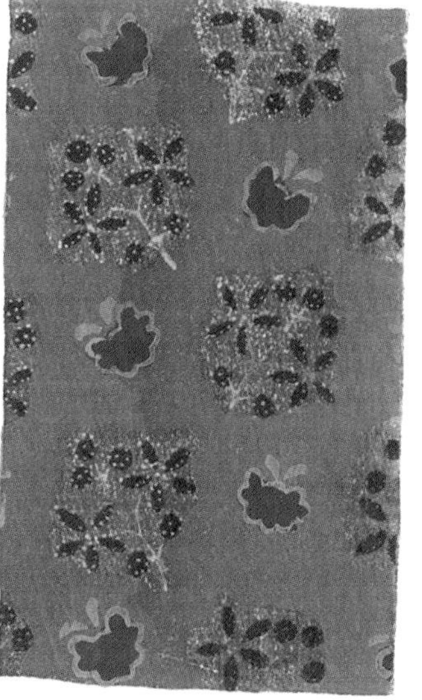

174

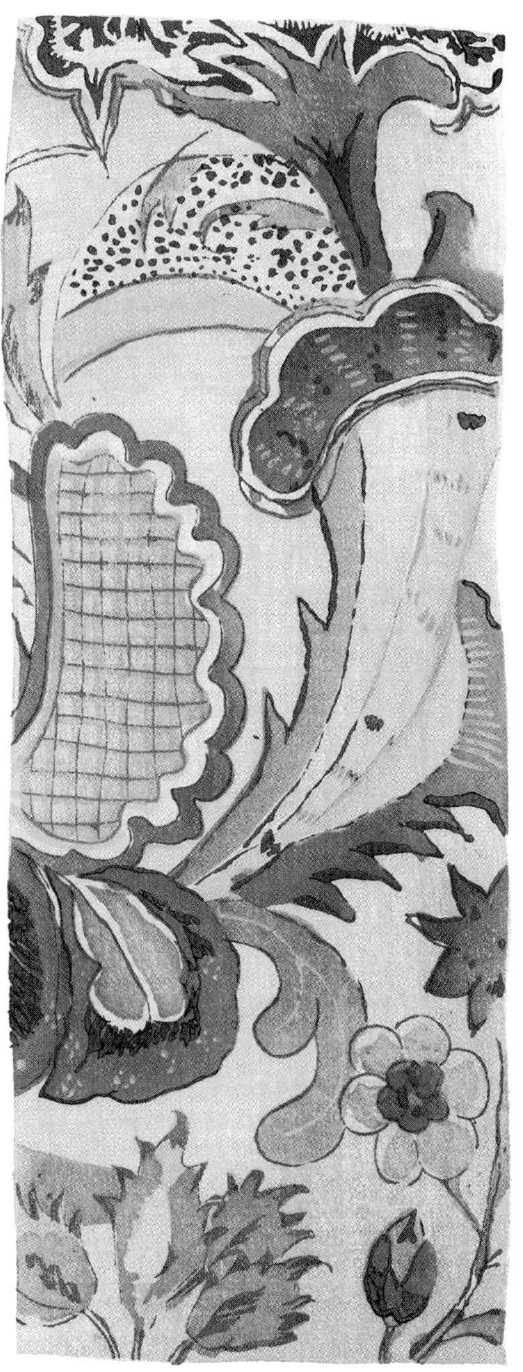

175

176

177

178

179

180

181

182

183

184

185

186

187